A TOUR DE ROLE DE L'OBJECTIF

Têtes & Pieds des Édiles Tullois

PAR

M. le Cinématographe de Laguenne

TULLE
IMPRIMERIE CORRÉZIENNE

25 centimes

LE CORRÉZIEN

JOURNAL DÉPARTEMENTAL QUOTIDIEN

Abonnements Electoraux

ET D'ESSAI

« Le Corrézien » à 1 franc 50 c.

PAR MOIS

A l'occasion de la période électorale, nous consentirons à titres d'essai, des abonnements au MOIS en mars, april et mai, contre l'envoi de UN FRANC 50 cent. en timbres-poste ou mandat.

Prime gratuite

Tous les premiers abonnés nouveaux (15 mars) recevront par la poste les exemplaires parus du feuilleton en cours, *L'Orgueil d'une Mère*, et, jusqu'à concurrence des dernières collections, il pourront faire prendre, AUX BUREAUX, les 215 cotes du feuilleton précédent *Madame Sans-Gêne* dont le port serait de 1 fr. 70 c.

PETIT MÉMENTO PROFESSIONNEL

Il n'est tenu compte que des correspondances « signées », au moins pour la Rédaction : prière de s'assurer de preuves incontestables et de ne point se contenter des « on-dit »; ne pas oublier que la vie privée appartient à chacun et que la Loi ne permet de critiques à l'endroit des agents ou dépositaires de l'autorité qu'en ces qualités là; écrire lisiblement, surtout les chiffres et les dates, et toujours sur un seul côté de la page.

———

Laguenne, 25 novembre 1897.

Monsieur le Rédacteur,

Certainement, je ne me dédis pas et je veux encore moins vous dédire; mais, réflexion faite, j'hésite à croire que la publication de mon rouleau cinématographique au *Corrèzien* puisse avoir beaucoup d'attrait, comme on disait autrefois ! ou d'attraction, comme on dit à présent, façon anglaise.

En effet, les *Têtes* et les *Pieds* que je fais mouvoir, ne sont, pour la plupart, et les exceptions se compteraient sur les seuls doigts d'une seule main ! que les extrémités de véritables marionnettes dont les ficelles sont tirées par des *impressarii* malins, plus ou moins cachés dans des coulisses, plus ou moins discrètes. Et alors ? peut-être vaudrait-il mieux laisser les *Pieds* et les *Têtes* de nos « pupazzi » municipaux et mettre en scène les régisseurs de la comédie. Vous avez, pourtant, pensé le contraire, et c'est pour cela que vous avez gardé mon livret si longtemps, et, certes, je ne m'en plains pas du tout, car vous vous rappelez la sinistre coïncidence qui, d'un peu plus, allait faire opérer chez vous un cinématographe de Laguenne, tandis qu'à Paris un de ses confrères compromettait si gravement l'esprit de prudence de la nouvelle corporation, en allumant tout simplement le feu au *Bazar de Charité !*

Sapristi, au moment de se montrer, il fallait bien se cacher ! car ne pouvait-on croire que j'allais ici, à mon tour, causer un incendie nouveau — tant on sait qu'il y a d'hommes de paille au Conseil des Elus tullois !

Et puis, voyez-vous, ce n'est pas d'aujourd'hui seulement que mes compatriotes de l'antique Aquina sont quelque peu suspects aux citoyens de la vieille Ithaque ! Rivalité d'abeilles contre des mouches — dites même, tout de suite, des Taons, si la langue vous démange ! — mais rivalité injustifiable, depuis qu'à Laguenne le phylloxéra a détruit le vignoble célèbre a détruit le vignoble célèbre et que les Taons n'ont plus l'humeur belliqueuse que leur donnait le cru, digne des Rois sans exil — ou des Présidents de République en déplacements.

Du reste, s'ils aimaient un peu « le bruit », les Taons d'autrefois, c'est qu'ils précédaient les Tartarins de M. Daudet (Alphonse) et les félibre de M. Roux (ô Joseph !), et ils n'étaient pas au fond, plus méchants que vous et moi, une fois la bonne peur faite à la capitale du bas-pays de Limosin qui était, alors, Tulle-en-Tullois, où les femmes ne portaient que six mois, pour la première fois, seulement !

C'est bien prouvé par un de nos historiens locaux qui, du reste, a mal tourné depuis, car il fit des infidélités aux littératures avec les

magistratures, ce qui est le pire de tout ! et
d'autant qu'il avait l'esprit trop indépendant
pour se maintenir debout sur un siège d'où
même les gens assis furent « dudepuis » fichus
par terre ! — et on ajoute qu'il en mourra dans
l'impénitence finale — d'un maître musicien !!!

Ledit historien de Laguenne a donc écrit
quelque part, en un volume in-folio qui se
trouve partout et que je suis seul à posséder :

« Jadis, le paysan de Laguenne, était nommé *Taon* comme ses lourds insectes qui bour-
donnent inoffensifs les nuits d'été; et parfois
le bruit se répandait à Tulle que les *Taons* de
Laguenne allaient monter ; les enfants se ca-
chaient, les femmes se taisaient, les prudents
bourgeois fermaient boutique (quel était le
bourgeois qui n'était pas marchand ?). Ils
arrivaient, en effet la trogne au vent, le bâton
à la main, les yeux écarquillés; mais déjà leur
ivresse était tombée et leurs griefs oubliés ; ils
pénétraient dans la Barrière et se dissémi-
naient dans les cabarets d'alentour, les enfants
sortaient, les femmes criaient, les boutiques
se rouvraient de nouveau, chacun riait, à part
soi d'abord, tout haut ensuite, de sa frayeur
passée, et les *Taons* se retiraient en chantant
à la brume (1) ».

Eh bien ! à présent si mes congénères ne
montent plus à Tulle, s'ils ne se grisent plus et
s'ils ne chantent plus, j'ai dit que c'était la

---

(1) *Abeille de la Corrèze*, 27 janvier 1866 : « A LA
VIEILLE RENOMMÉE DU VIN DE LAGUENNE », Frantz II.

faute du phylloxéra; seulement, on a com-
mencé à replanter, et, ma foi ! avec le nouveau vin de Laguenne quelques-uns des Illus-
tres de votre Capitole, pour parler comme à
Toulouse et sans allusion aux oies de l'autre
monument, pourraient bien se sentir piqués.

Piqués au nez, mais pas au vif : or, une
piqûre de Taon n'est pas mortelle, et il suffira
de prendre un peu de la baudruche et du collo-
dion de ma bande cinématographique pour
pratiquer l'occlusion, et garantir la guérison.

Alors, je n'insiste plus, je monte la mécani-
que, et je lève le rideau, en prenant, au rang
officiel du Suffrage universel, chaque numéro-
portrait de la série de nos Vingt-Sept.

Nº 1. — DOCTEUR CHAMMARD

Elu par 1,613 voix au premier tour de scrutin
(3 mai 1896)

M. le Premier...
— Permettez ! si celui-là vous a l'air
d'un magistrat ?...
— M. le premier élu de Tulle, vous dis-je !

Premier élu inamovible, car s'il l'est, il le fut déjà ; et s'il le fut, il le sera encore.

Il tient beaucoup, du reste, à cette popularité atavique : « Monsieur Alfred » a succédé à « Monsieur Louis » comme celui-ci à « Monsieur Jacques », de père en fils par ordre de prémogéniture, et même sans loi salique, car on vit une dame médecin dans la famille.

Les paysans croient au « secret » traditionnel du radoubage des Chammard ; et les ouvriers croient à leur serviabilité sous toutes les formes.

Les uns et les autres n'ont pas tort.

L'âge d'un sénateur au moins, M. Alfred Parrical de Chammard (dans le monde... où il s'ennuie !) n'est que conseiller municipal.

Il n'en est ni surpris ni découragé, et il continue gracieusement à donner la lumière aux aveugles, à redresser les tordus et les boiteux, et à refaire fonctionner les membres brisés des Corréziens malchanceux — sans négliger les limitrophes, car il ne se contente pas de trois cabinets départementaux, et son activité obéit à tous les appels du télégraphe, en attendant le téléphone à demeure !

D'où cette conséquence forcée :

Assiste rarement aux séances du Conseil ! mais si je trouve qu'il a tort, M. le maire Tavé trouve qu'il a raison, car il le préfère absent que présent, quoiqu'il ne procède que par à-coups — il est vrai à coups de bistouri, alors, en plein abcès de pus municipal !

— Et ses opinions politiques ?

— Demandez-les lui.

Je suis sûr qu'il vous dira que c'est comme la médecine, où la foi produit autant d'effet que les remèdes.

Ses programmes où il a mis un peu de tout et de tous, ont bien été d'un républicanisme très chaud, mais son dévouement démocratique aux petits est encore plus chaud ; et c'est ce qui le fait « arriver » le premier.

Seulement, il arrive seul, à peu près ; et il n'a ni la patience, ni le temps, ni la volonté persévérante, ni l'esprit de solidarité et de discipline pour présider aux destinées municipales et politiques du cheflieu.

Avec ça, un peu trop... confidentiel à tous ses amis — innombrables !

Quant à ses ennemis, s'il ne s'occupe pas de leurs injures, ne croyez pas qu'il les oublie ! et si quelqu'un lui en a fait « quelqu'une », il lui resservira, un jour ou l'autre, le plat réchauffé.

Hors de la carrière, de relations très agréables ; assez bel homme, pas mal tourné ; a été blond dans sa prime jeunesse, aujourd'hui entièrement blanc ; mais c'est une blancheur prématurée, puisqu'il n'a pas encore la cinquantaine.

Avec toute sa barbe, son chapeau mou, son allure un peu lâchée et sa conversation superficielle, la personne qui ne le connaîtrait pas le prendrait plutôt pour un artiste que pour un médecin sérieux et surtout un chirurgien de beaucoup de talent qui se tient la tête et la main au courant scientifique.

Elu par 1,600 voix au premier tour de scrutin
(3 mai 1896)

Déjà, quelques lignes d'un article publié, il y aura bientôt six ans, lors de son élection au Conseil général, en 1892, disaient de lui : « Ni grand ni petit, plutôt maigre que gros, brun, très brun même, physionomie intelligente ; œil vif et observateur ; actif, vigoureux, toujours au travail, dans son cabinet, en ville ou à la campagne ; met son domestique sur les dents et éreinte ses chevaux. On le dit médecin très entendu... très désintéressé, généreux... »

Ce docteur qui est un modeste, ainsi que le sont presque tous les hommes d'une réelle valeur, s'est fait une situation fort honorable au Conseil général où il est très écouté, et, depuis 1892, sa popularité n'a fait que croître dans les deux cantons et surtout dans la commune de Tulle, on l'a vu aux élections municipales où il est sorti le deuxième au premier tour, à quelques voix du premier, en 1896 comme en 1892.

M. Maschat qui a eu la bonne fortune de n'arriver à la vie publique qu'après les grandes luttes où tous les gens qui donnaient des coups en recevaient eux-mêmes, est un républicain très sincère qui n'a

versé ni dans les utopies ni dans les excès ;
un vrai démocrate qui ne le dit jamais,
mais qui met toujours son évangile populaire en pratique, tandis qu'il y a tant de
personnages publics qui ne sont qu'en
paroles les amis des petits et des faibles !

Au Conseil municipal, il dit sa pensée
sur les actes ou les propositions de la
Municipalité d'une manière franche et
loyale ; mais que peut faire un homme
presque seul contre une vingtaine de pré-
venus, sourds et muets, qui obéissent à un
mot d'ordre, sans se préoccuper des intérêts véritables de leurs concitoyens ?

Au surplus, si je reproche à M. Chammard de n'avoir de combativité que par
à-coups, son collègue et confrère M. Maschat n'est même point, du tout ! partisan
des hostilités publiques : il ménage trop
ses adversaires et ne répond qu'avec modé-
ration à leurs procédés discourtois.

Ce n'est pas ça, et mieux vaut œil pour
œil et dent pour dent !

Par exemple, nos deux Premiers Elus
ont un point commun d'affinités et d'allures : leurs scrupules à demander des
avis — et à suivre les leurs propres, toujours !

A telles enseignes que le *Corrézien* qui
est leur tiers ami, a souvent bridé à gau-

che, quand eux prenaient d'un tout autre côté. — Il suffit de rappeler que M. Chammard avait fait voter contre M. Crauffon quand celui-ci se fit élire au Conseil municipal, et que M. Maschat s'empressa de refuser d'être élu avec la liste du *Corrézien !* de même qu'aux autres scrutins, le journaliste blaguait la liste des deux docteurs et s'étonnait des pratiques maladroites de leur Comité où il ne mit jamais les pieds !

M. Gustave Maschat croit à la médecine, et quand il a établi son diagnostic, il est si plein de confiance dans sa thérapeutique qu'un succès simplement en retard lui ferait accuser le malade de félonie : il est par conséquent dommage qu'il ne soit pas sur un théâtre plus grand, où sa valeur professionnelle n'aurait pas à subir les distractions de la politique de clocher, pour laquelle il n'a ni les représailles indispensables, ni les rancunes utiles, ni les ambitions obligatoires.

Les défauts de ses qualités, quoi !

Elu par 1421 voix au second tour de scrutin
(10 mai 1896)

Dire que notre maire a une belle tête
serait exagéré ; mais dire qu'il est affreux
le serait également, disons simplement,
afin de ne pas trop nous écarter de la vérité, qu'il n'est pas beau, avec sa physionomie où quelqu'un a justement retrouvé,
un jour, le « sergot » engraissé et bouffi.

Il a même son type primitif enlaidi vers
la bouche qu'il dissimule le plus possible,
en laissant pousser exagérément son système pileux « barbiboucant » — qu'il norcit
déjà, disent les mauvaises langues.

Quoique sa peau ne soit pas d'une blancheur laiteuse, M. Tavé tient beaucoup à
la conserver intacte, et sous aucun prétexte
il ne veut s'exposer à la voir trouer ; aussi
n'entend-il que ce qu'il veut entendre et
ne comprend-il que ce qu'il veut comprendre.

Pourtant, un jour, il dut sentir : le plus
doux des hommes (M. le dr Vergne) avait
perdu patience à ses tatillonnements, et
il lui avait flanqué ses papiers à la tête !
on se rappelle le procès-verbal qui suivit
et qui a été classé en chef-d'œuvre de qua-
lification.

Sur cette pente, la disqualification de-

vait suivre, très naturellement ! et elle
suivit, en effet : inutile de rappeler ça,
ici, au *Corrézien*...

Presque petit ; démarche lente, allure
lourde ; la voix est rauque et sourde : Ce
n'est pas un orateur, c'est un parleur ; il
n'émeut ni n'impressionne, il convainct à
peine, et rarement.

M. Tavé rit presque constamment, en
compagnie, et même tout seul, à propos
de tout et à propos de rien ; de sorte qu'on
ne sait si c'est un rire ou une grimace ;
c'est un tic.

Comme maire et surtout comme président du Conseil municipal, il est absolument au-dessous de sa tâche : il manque
de tact, d'autorité et d'énergie ; trois ou
quatre membres de l'opposition réussissent
facilement à le démonter ; on se dispute,
on s'injurie, on se menace, on en arrive
même, quelquefois, au point d' « y faire » à
mains plates ; alors les séances vont à tort
et à travers ; et le maire qui a peur de sa
minorité et sait l'insuffisance de sa majorité — sourde et muette de naissance —
ne convoque le Conseil qu'à la dernière
extrémité ; aussi les affaires de la commune vont-elles tout à la diable.

Ce Touche-à-Tout, flanqué d'ineptes
Touche-à-Rien, non seulement laisse en

plans Ecoles, Halle, Théâtre, Eclairage,
Tramways, etc., mais il est même incapable d'assurer à l'adduction d'Eaux de ses
prédécesseurs autre chose que son nom,
vaniteux, sur une plaque où la contamina-
tion a fini par monter, tandis que baissent
les recettes de l'octroi, impitoyable aux
miséreux !

L'homme absurde étant celui qui ne
change jamais, M. Tavé a changé assez
souvent pour prouver qu'il ne l'était pas
— absurde ! — puisqu'il a été tour à tour
opportuniste, boulangiste, progressiste,
radical-socialiste, que sais-je encore ?

Espérant être le candidat agréable aux
élections législatives, il a paradé dans les
salons du préfet Roger, surtout au fameux
bal si bien *travesti !* après avoir passé les
culottes courtes d'aristo, ce sans-culottes !
et chaussé les escarpins vernis, si durs
qu'ils fussent aux « pieds plats » qu'a flai-
rés avec un haut le cœur le *Rappel Socialiste.* Il faut reconnaître qu'il a été indi-
gnement roulé par ce préfet qui lui avait
promis l'estampille officielle et la croix lors
du passage du Président à Tulle, et c'est
M. Descubes qui a été patronné et le père
Audubert qui a été décoré ! — Fureur de
Tavé qui en est devenu radical-socialiste.

Grand dignitaire de la franc-maçonnerie, il a fait mettre la garnison et la gendarmerie sous les armes pour empêcher l'antique procession de saint Jean, et il a *traîné* devant les Tribunaux (sauf à faire infliger à son ignorance d'avocat un recours moqueur en Cassation) l'évêque de Tulle, le curé de la cathédrale et le supérieur du grand séminaire qui s'étaient rendus avec quelques fidèles au cimetière le jour des Morts.

Comment peût-on soutenir, après des campagnes pareilles, que le Tavé n'est pas courageux ?

Depuis ce temps, les dames qu'il a fait « policer », ne rendent plus le salut de ce monsieur ; mais, en fait de salut, on sait qu'il ne croit qu'au « néant » en enfouissant ses Frères.

Au collège où sa piété primitive a été célébrée par un de ses professeurs ou peut-être son confesseur même, nous le nommions *Tavétou*, aujourd'hui on l'appelle le *Petit Tavé*.

Ce petit-là ne deviendra pas grand, même si Dieu (pardon !) lui prête vie : les ouvriers le méprisent, parce qu'ils le tiennent pour un ambitieux, jouisseur et sceptique ; les paysans le détestent, parce qu'ils lui ont vu trahir leurs intérêts et attaquer leurs croyances ; les commer-

çants ne le supportent point, parce que
son incurie a arrêté net tout essor de la
ville chef-lieu, descendue sous lui au second rang départemental !!!

Se rappelle-t-il comme il fut battu pour
le Conseil général par le boulanger Clément ? et puis roulé par les médecins
Maschat et Soularue ?

Non ! car il est tellement « menteur »,
comme le lui a dit impunément le docteur
Chammard, qu'il ne se dit pas la vérité à
lui-même !

Au mois de mai, par exemple ! on la
lui fera avaler ! et, alors, pour reprendre
les personnages de la bouffonnerie histo-
rique, insuffisamment rappelée, et pour
cause ! par M. Descubes-Desgueraines, entre deux scrutins, vous verrez le jeu : Tur-
lupin se réconciliera avec Gauthier Gar-
guille, et Gros-Guillaume fera le prix de
la paix, en l'Hôtel de Bourgogne !

C'est l'Hôtel de la Préfecture que je
veux dire, en baissant ma toile sur cette
farce-là !

Elu par 1,320 voix au second tour de scrutin
(10 mai 1896)

Taille au-dessus de la moyenne ; allure lente, pas mesuré ; a été brun lorsqu'il était à tout crin — il s'est fait ébroussailler un peu avant le mariage, — aujourd'hui, il est gris pommelé ; visage allongé, maigre, fatigué. Physionomie rêveuse, ennuyée, mais ça c'est de la pose.

M. Valette n'est ni un tempérament, ni un caractère, ni même un type : c'est un farceur ! il se dit démocrate, mais n'est en réalité qu'un aristocrate de la plus belle eau, et il le prouve tous les jours par son orgueil, ses actes et son insolence.

Songeait-il aux pauvres, quand, à l'Hospice, il faisait installer la magnifique hydrothérapie *pour les riches !* et la belle maison à loyers *pour les fonctionnaires chics !*

De même, le sang du peuple parlait-il fort en lui quand, superbe ! tuyau de poêle, redingote sanglée, gants jaunes, il faisait le tour de sa voiture, nettoyée par ses vaillantes sœurs et conduite par son excellent père ?

Quant au zèle municipal, il n'en n'a jamais manqué, et il n'en manquera pas, allez ! tant que le budget sera là pour s'y

faire largement appointer à nos frais comme médecin des morts ou des filles trop vivantes, en attendant le service, obligatoire et non gratuit, des indigents inscrits à la liste forcée.

En qualité de premier adjoint, il est le bras droit du maire ; étant son ami intime, il est son inspirateur et son mauvais génie ! les plus grosses fautes commises par M. Tavé lui ont été certainement conseillées par lui.

Ensemble, alors polis et câlins ! ils firent les beaux jours des salons et des antichambres du préfet Roger, bon temps où on promettait la députation à l'un et la direction de Rabès à l'autre, les roulant tous deux !

Aujourd'hui, la marotte de M. Valette est d' « embêter » le clergé. — « Le cléricalisme, voilà l'ennemi ! » — Il a voulu laïciser l'hospice dont il est membre à la Commission d'administration ; et il est la principale cause de la suppression du Tour de la Lunade.

A-t-il assez blagué cette brave et sainte fille de Sœur Julie qui a passé sa vie à soigner les malades pauvres de Tulle et à mendier pour eux ? Il l'avait surnommée la *Sœur Panaris*. — On n'a ni plus d'esprit ni plus de charité.

Il n'a pourtant pas la blague facile à la lèvre ! Et, toujours poncif, solennel, prétentieux, même quand il valse ! — oh ! très bien ! — ou qu'il chante — oh ! savoureusement ! — il est (on se rappelle comme il resta coi, certain jour, au Conseil municipal !) incapable d'improviser trois phrases et de les débiter sans les avoir apprises par cœur ! — d'où son admiration b'e pour le robinet d'eau de vaisselle à Tavé.

Mais il ne se contente pas d'être adjoint, docteur en médecine, membre de diverses commissions administratives : il est publiciste ! et ses productions cambronnesques et charantonesque — vers ou prose — déposées le long des colonnes du *Radical...* *d'Ussel*, sont tout ce qu'il y a de plus naturaliste ; il y est toujours question de fiente, de pus, d'ordures et de termes de médecine plus ou moins dégoûtants. Lorsqu'il a traité ceux qui ne pensent pas comme lui de gâteux, de difformes et autres aménités de ce genre, cet Apollon hirsute et sans Belvédère croit avoir tout dit !

Or, il est bien entendu qu'il n'accepte jamais la responsabilité de ses grossièretés, et on peut être assuré que si M. Valette tue quelqu'un, ce qui lui est certainement déjà arrivé étant médecin ! ce sera avec une drogue ou un bistouri, mais jamais avec une épée ou un pistolet contre une autre épée et un autre pistolet !

En définitive, je crois bien que ce monsieur qui est pourtant médecin, ne connaît pas qu'il a une fêlure, une lézarde cervicale, si vous voulez.

N° 5. — M. PATRAUD

Elu par 1150 voix au second tour de scrutin
(10 mai 1896)

Je suis arrivé à l'homme important,
l'homme considérable — d'après lui — du
Conseil : Il ne faut en parler qu'avec les
plus grandes précautions et surtout ne
rien dire qui puisse lui être désagréable,
car il est très susceptible ; du reste, il
n'accepte que les éloges.

Eh bien ! qu'il soit satisfait ou non, j'a-
voue que j'éprouve un certain plaisir à *me
payer sa tête.*

Un blond douteux, yeux bleus, ni beau
ni laid ; un peu gros ; type du bourgeois
campagnard qui a fait sa toilette pour al-
ler à la foire ; marchant les jambes écar-
tées et les bras éloignés du corps : il tient
de la place. On voit de suite qu'on est en
présence d'un homme *qui en croit un dans
ses culottes.*

A été quelque peu instituteur, s'est pré-
senté à un concours pour entrer dans les
ponts et chaussées ; ayant échoué, il se
rabattit sur les chemins vicinaux où il
fut admis.

La voirie était sa voie, et, s'il n'a pas
toujours très bien exécuté les chemins du
réseau vicinal, il a bien réussi à y faire le
sien, puisqu'il est aujourd'hui agent voyer

d'arrondissement ; on a même cru — j'allais dire craint — un moment, qu'il ne fût nommé agent voyer en chef ; heureusement pour nos pauvres chemins, on a appelé pour mettre à la tête de cet important service un homme d'une capacité exceptionnelle et d'une indépendance rare chez les fonctionnaires : M. Coquenpot.

En entrant au Conseil municipal de Tulle, et par deux fois ! M. Patraud a dû faire jurisprudence au Conseil d'Etat ; mais M. Crauffon, protestataire, oubliait sans doute que notre agent voyer avait déjà fait mieux, ayant été à la fois conseiller municipal de Dampniat et de Saint-Hilaire-Peyroux !

A Tulle, M. Patraud qui est naturellement membre et rapporteur de la commission des travaux publics, défend toujours les actes de la Municipalité et de ses F.·. avec beaucoup d'opiniâtreté, sinon avec beaucoup de talent, car l'éloquence n'est pas son fort, et dans les questions de travaux il a presque constamment raison, n'ayant en face de lui que des gens sans aptitudes pour lui répondre.

Ainsi se justifie encore une fois le proverbe : *Dans le royaume des aveugles les borgnes sont rois.*

— A propos de M. Patraud, avez-vous

lu certains portraits dont M. le chanoine Roux salit ses premières *Pensées ?*

— Non !

— Ni M. Patraud non plus ! ce qui prouve qu'il ne manque pas quelquefois d'esprit naturel, tandis que M. le curé Roux a souvent manqué d'esprit apostolique, pour ne pas dire de simple « honnêteté ».

N° 6. — M. COULOUMY, 2ᵉ *adjoint*

Elu par 1125 voix au second tour de scrutin
(10 mai 1896)

M. Couloumy qui a vu le jour à Brive, il y a une quarantaine d'années, n'a rien qui le distingue physiquement du commun des mortels : il n'est ni grand ni petit, ni trop clair ni trop foncé, ni gros ni maigre !!!

Ancien boulanger, aujourd'hui marchand de vins en gros — un excellent métier pour qui le connaît à fond, ce qui est, dit-on, le cas de l'intéressé.

M. Couloumy est deuxième adjoint, et par conséquent le bras gauche du maire. Quand je dis : « bras gauche » c'est plutôt « bras adroit » que je devrais dire, car tout le monde sait, à Tulle et à Brive, qu'il n'y a rien de gauche chez les Couloumy, pas plus les bras que les jambes.

En sa qualité d'adjoint, se rend à peu près chaque jour en bicyclette de Souilhac à l'hôtel de ville ; il demande s'il y a du nouveau, et se livre à la confection des mariages quand il y a lieu.

Au Conseil municipal, il se contente d'emboîter le pas, sans souffler mot, à ses deux chefs de file Tavé et Valette ; et si jamais les dits Valette et Tavé filaient d'un

autre côté que celui de ses intérêfs à être
un personnage officiel, vous verriez
M. Couloumy se désemboîter non moins
silencieusement.

Le silence est d'or.

Elu par 1,100 voix au second tour de scrutin
(10 mai 1896)

Ce produit du Creusot a une physionomie qui n'a jamais fait retourner dans la
rue ni les hommes ni les femmes, car elle
est absolument insignifiante ; c'est de lui
qu'on pourrait dire : Physionomie ordinaire, taille ordinaire, etc.

C'est un bouquet sans parfum et sans
couleurs éclatantes.

A la Manufacture, où il est très aimé de
ses chefs et de ses camarades, on l'a surnommé *l'Homme de Bronze*, autant pour
sa placidité que parce qu'il est chef de
l'atelier du bronzage.

Ceux qui l'ont porté sur la liste du maire
savaient que sa timidité le rendait absolument incapable de faire une proposition,
si utile soit-elle, ni de la soutenir ; mais
ils savaient aussi que c'était une machine
à voter qui fonctionnerait très bien, même
sans être graissée. On ne s'était pas trompé,
puisqu'il n'ouvre jamais la bouche que
pour dire : « Je suis de l'avis de M. le
Maire. »

Ce brave homme comprend bien quelquefois que le dernier qui parle n'a pas
toujours raison, mais il n'ose pas le dire.

Ne manquant jamais une séance, on lui
décernera le prix d'assiduité.

No 8 — M. FAUCHER

Elu au second tour de scrutin par 1,077 voix

M. Baptistou Faucher est un type, un type villageois, si vous voulez, mais au moins il tranche sur ses collègues ; c'est le Thivrier du Conseil : Entièrement vêtu d'une étoffe bleue du pays, coiffé d'un feutre à larges bords ; il est grand, brun, il porte une superbe paire de favoris noirs, parsemés de quelques fils d'argent, pas de moustaches ; nez droit, bouche souriante ; tête d'un homme heureux, et il l'est en effet, surtout d'*être du Conseil* et chevalier du Mérite agricole ! Du reste, voici la copie exacte de sa carte de visite :

JEAN - BAPTISTE FAUCHER

Chevalier du Mérite agricole

Horticulteur

Membre du Conseil municipal

Villa Faucher, près la Préfecture.   Tulle

Ses jambes ont tellement de peine à supporter un si grand bonheur qu'elles fléchissent sous le fardeau, et il faudrait un tambour très expérimenté pour battre la marche du bonhomme. Pourtant, M. Faucher qui est le plus proche voisin de M. le Préfet, qui est propriétaire et jardinier, qui a le plaisir d'être époux, le bonheur

d'être père et grand-père, n'est pas satisfait en ce moment : il dit que la *graisse* se
donne pour rien et que les *légumages* ne
se vendent pas.

Naturellement, au Conseil municipal,
ce majoritard ne compte que pour voter.
Si un collègue lui dit :

— Que pensez-vous de cette affaire, père
Faucher ?

Il sourit très jardinièrement et répond :

— Je suis de l'avis de ces messieurs.

Aussi l'a-t-on surnommé le *Père je suis
de l'avis.*

Nº 9. — M. GIROUX

Elu par 1073 voix au second tour de scrutin
(10 mai 1896)

M. Giroux est un « sympathique ». Il est blond, — les sympathiques sont presque tous blonds, — moustaches à la Vercingétorix, yeux gris, physionomie agréable, air rêveur, doux et bon ; taille légèrement au-dessus de la moyenne, allure un peu nonchalente ; trente-cinq ans au plus.

Négociant en épicerie, liquides, cristaux, faïences, etc., M. Giroux qui fait des affaires très nombreuses et très importantes, compte autant d'amis que de clients, unanimes pour dire qu'il est un homme intelligent, franc et loyal.

Au Conseil municipal, M. Giroux parle rarement, mais toujours avec à-propos et avec sobriété ; jamais *pour la galerie*, comme quelques-uns de nos édiles ; mais — il y a un *mais!* il y en a presque partout — il est tellement conciliant que cela ne l'empêche pas de voter le plus souvent avec la Majorité incapable de M. Tavé !!!

M. Giroux est juge suppléant au Tribunal de commerce ; son défaut dominant est un manque de fermeté, ou, si vous le dréférez, un excès de bonté.

Elu par 1030 voix au second tour de scrutin
(10 mai 1896)

M. Bournas qui est un vétéran du Conseil, n'est naturellement plus un jeune homme, mais ce n'est pas encore un vieillard.

Court de taille, un peu gros ; cheveux poivre et sel ; organe désagréable.

Ce parfait « mastroquet » est arrivé à Tulle où il a créé un café en temps opportun : au moment de la fabrication du fusil Gras — à cette époque, son établissement ne désemplissait pas et sa belle et ronde pelote ne fut pas longue à faire.

Nommé conseiller municipal, les honneurs lui vinrent en même temps que l'argent.

Aujourd'hui, M. Bournas croit avoir rendu assez de services (?) à une commune dont il n'est pas originaire, pour ne presque plus assister aux séances du Conseil qui sont, cependant, bien rares ! et dont quelques-unes sont très amusantes.

Si j'étais un « élu du peuple », je n'en manquerais pas une — soirée ! — mais je ne le serai jamais dans les conditions de la Quinzaine des très humbles serviteurs qui votent sans les discuter — et la plupart sans les comprendre — les propositions les plus saugrenues et les plus nuisibles à la commune et qu'il plaît à leur maître Tavé de leur faire avaler.

Les électeurs et les clients de **M.** Bournas qui savent que l'ingratitude est l'indépendance du cœur, doivent être satisfaits : ils n'ont pas voté pour un homme sans indépendance.

No 11. — M. CHAMBAS

Elu par 1023 voix au second tour de scrutin
(10 mai 1896)

D'une taille ne dépassant pas la moyenne, brun, cheveux et petite moustache noirs; visage rond, traits accentués, physionomie intelligente et résolue; âgé de trente-deux ou trente-trois ans.

M. Chambas est le secrétaire général de la fédération des syndicats ouvriers des arrondissements de Tulle et d'Ussel; c'est un ouvrier de la manufacture d'armes, il est sage, sobre, laborieux et habile; s'il n'était pas socialiste et surtout socialiste militant, il y a plusieurs années déjà qu'il aurait été proposé pour le grade de contrôleur d'armes; mais pour avoir de l'avancement dans notre établissement national, il ne suffit pas de posséder toutes les qualités morales et professionnelles, il il faut faire montre d'opportunisme; hors de l'opportunisme, point de salut.

M. Chambas qui est un socialiste convaincu, qui croit être dans le vrai et qui certainement ne fera pas amende honorable, peut s'attendre à rester simple ouvrier encore longtemps, sinon toujours.

Au Conseil municipal et dans les réunions ou conférences publiques, M. Chambas est le porte-parole du groupe socialiste

de Tulle. On ne peut pas dire que ce soit un
orateur distingué, une instruction com-
plète lui faisant défaut, mais il parle bien,
avec à-propos et sobriété, il se sert toujours
du mot propre sans jamais le faire attendre. Au Conseil, surtout, il ne lui faut pas
longtemps pour *river le clou* de M. Tavé
ou de ses lieutenants.

On m'a assuré qu'aux dernières élections
législatives il avait soutenu la candidaturs
de M. Descubes, c'est possible ; mais je
crois bien qu'aujourd'hui il ne recommen-
cerait pas !

On dit même, vous le savez, que c'est
sur le nom de M. Chambas que se comp-
teront les socialistes aux prochaines élections de Tulle I, et vous verrez que les
ouvriers accueilleront ce camarade d'une
tout autre façon que l'arlequin Tavé dont
l'habit en damier, sans parler des « culottes-
courtes », a des pièces de tous les partis.

Au surplus, si le « citoyen Chambas »
était convaincu que le drapeau plébéien et
prolétaire pût être confié à d'autres mains,
il serait le premier, j'en suis sûr, à s'effacer
et à combattre dans le rang !

Je suis loin de partager les idées de
M. Chambas, mais je l'approuve et je l'es-
time d'être un homme ferme et loyal, il en
reste si peu !

No 12. — M. CLÉMENT

Elu par 1,003 voix au second tour de scrutin
(10 mai 1896)

Plutôt grand que petit ; démarche automatique, saccadée, précipitée ; a probablement été blond dans sa jeunesse ; visage maigre, allongé, yeux bleus, front, pommettes et menton saillants, nez légèrement bossu et crochu ; celui qui ne le connaîtrait pas le prendrait aisément pour un descendant d'Abraham ; mais il n'en est rien, car il a conduit récemment sa deuxième épouse aux pieds des autels catholiques, lui qui, jusqu'ici, avait mangé du prêtre jusqu'à l'indigestion, ce qui l'a fait appeler Jésuite ! en plein Conseil, par un mécréant collègue qui n'aspire pas à l'Académie française.

Pendant quelques années, M. Clément a été très populaire dans la classe ouvrière de Tulle : « Il fait diminuer le pain ! » disait-on. En ce temps-là, toujours très poli envers ses clients, même bourgeois ! très laborieux à son métier, très obligeant à ses voisins, les fêtes nationales lui faisaient lâcher tout, décorer sa boutique de lanternes sang de bœuf, et courir vite aux cortèges officiels ; vêtu d'une chemise et d'une cravate rouges, d'un bourgeron bleu et d'un pantalon blanc, il assistait aux cérémonies et visites en corps du Conseil municipal, et même il n'oubliait jamais d'y conduire sa jeune fille, habillée en diablesse et coiffée du bonnet phrygien !

Cette mascarade grotesque eut pour effet de ridiculiser son auteur et de diminuer sa popularité.

Pour la ramener, du radicalisme il est passé au socialisme.

Mais je crois que ça n'a pas bien pris...

Du reste, aux yeux des « Purs », son socialisme ne doit pas être de bonne qualité, puisqu'il est... propriétaire (horreur !...) d'un moulin important, et même d'une boulangerie bien achalandée.

M. Clément est un rude travailleur qui ne craint pas de mettre les mains à la pâte et sait très bien conduire l'eau à son moulin.

Au Conseil municipal, il n'a aucune autorité : il crie, se démène pour attirer l'attention sur lui ; mais il ne propose rien de pratique, ainsi plutôt nuisible qu'utile à ses nombreux amis les citoyens Socialistes.

En 1886, aux élections du Conseil général, M. Clément se présenta contre M. Vidalin ; il échoua, bien entendu, mais, en ville, il vous flanqua au petit maire d'actualité une de ces piles électorales — en ville 1141 voix Vidalin, 457 Clément, 202 Tavé — qui vous écrasent un jeune homme, s'il n'est comme le maire actuel en caoutchouc !

Ah ! Clément c'était un camarade qui ne doutait de rien à cette époque !

Depuis, il a dû en rabattre.

N° 13. — M. GALINON

Elu par 996 voix au second tour de scrutin
(10 mai 1896)

Tête et buste trop grands pour de petites jambes. — C'est lui qui détient le record de la petitesse au Conseil municipal.

Trente-cinq à quarante ans ; brun, forte moustache noire, visage assez agréable, air doux, et il est en réalité un vrai petit mouton noir ! Si l'on ne l'appelle pas « le plus bel enfant » de Sainte-Fortunade, il l'a mérité de bien peu !

Il a la réputation d'un honnête homme, quoique marchand de vin en gros.

C'est un bon garçon qui ne sait rien refuser au maire et qui vote toujours avec la majorité, mais on m'a assuré que ce n'était pas lui qui avait inventé la... cinématographie !

Chevalier du Mérite agricole, personne n'a jamais su pourquoi, ni lui non plus — il y a tant de choses qu'il ignore — mais il faut bien que chacun porte sa croix dans ce bas-monde.

Au Conseil municipal, on le classe parmi les figurants.

M. Galinon est juge suppléant au tribunal de commerce. — Qui et quoi peut-il suppléer ?

No 14. — M. SALVAZET

Elu par 977 voix au second tour de scrutin
(10 mai 1896)

Le doyen du Conseil : Il ne nous vient,
naturellement, pas de Tulle ! mais de
loin, des environs de Meymac ; ancien
tailleur, un peu racorni et ridé aujour-
d'hui, mais encore grand et droit ; c'est
le plus blanc de nos édiles.

Il y a longtemps, il fut nommé pour
faire nombre sur une liste d'indépendants
qu'il lâcha, assez vite, comme on lâche
ce qui vous gêne, quand on n'y est pas
habitué ! Il reste maintenant, n'étant plus
gêné d'être sans gêne, comme un immeu-
ble par destination ; puis, ce n'est pas un
méchant homme ; et, quoiqu'il ait eu de
temps à autre quelques légers bégaie-
ments à lire des rapports qu'il n'avait pas
faits et dont il savait être aussi fier qu'un
père, il n'a que mieux demandé de faire
plaisir aux maires — oh ! quelconques !
— qui se sont succédé à l'hôtel de ville !!!

En sa qualité d'ancien tailleur d'habits,
il fait toujours partie de la commission des
travaux publics, et il est souvent chargé de
la *lecture* (on sait que les rapports ne sont
jamais rédigés ni écrits par ceux qui les
lisent) des conclusions de la commission
de réceptions des travaux de tailleurs... de

pierres. On voit d'ici la compétence du personnage ; mais cela n'en vaut que mieux, paraît-il.

M. Salvazet est un grand pêcheur à la ligne, c'est aussi un membre très actif et très influent du célèbre syndicat des *Choisisseurs de melons de la place Saint-Julien !!!*

Elu par 962 voix au second tour de scrutin
(10 mai 1896)

M. Faurie est d'une taille élevée ; il a
une allure un peu lente ; il est brun gri-
sonnant avec forte moustache ; air rêveur ;
il ne quitte jamais le pince-nez ; il est âgé
de quarante-cinq à cinquante ans ; il a été
instituteur, puis notaire à Salon-la-Tour ;
il est aujourd'hui principal clerc de notaire à Tulle et expert-liquidateur. Toutes
les questions si délicates du notariat lui
sont familières, notamment celle de l'En-
registrement qu'il connaît sur la pointe
du doigt, dit-on.

M. Faurie est un homme intelligent et
travailleur, de relations agréables, il est
très aimé de tous ceux qui le connaissent
et qui savent l'apprécier. C'est l'adversaire
le plus redoutable de M. Tavé, et, s'il savait aussi bien parler qu'il sait écrire,
celui-ci n'aurait qu'à se bien tenir, mais
malheureusement les propositions les plus
utiles et les documents les plus clairs, les
plus complets et les plus probants qu'il
lit ou qu'il produit aux séances du Conseil, ne sont jamais assez suffisamment
soutenus dans la discussion orale par leur
auteur, et puis, d'ailleurs, qu'obtiendrait
le plus puissant avocat lui-même de la

vingtaine de Mamelucks inféodés si niai-
sement à Tavé qu'ils ne comprennent
même pas leurs propres intérêts ?

M. Faurie est membre du Comité socialiste ouvrier et il a beaucoup d'autorité
dans « le parti. »

Mais depuis quelque temps, M. Faurie
a l'air de lâcher le Conseil : est-ce le dé-
couragement civique ? est-ce la désillusion
économique d'un professionnel qui sait les
droits et les obligations de la propriété et
du capital ? est-ce la lutte pour la vie qui
le retient à d'autres travaux ? — Quoiqu'il
en soit, l'avocaillon profite de cette retraite
du tabellion, et les mauvaises langues ne
se privent pas d'annoncer qu'elles savent
la réponse à ces trois ??? avec les trois au -
tres .·.

Nº 16. — M. PERPEROT

Elu par 957 voix au second tour de scrutin
(10 mai 1896)

Celui-ci encore ! en cette Tulle vouée aux étrangers, nous vient de loin, de Meymac !

C'est un « trucqueur » — il y en a beaucoup dans la Montagne.

Taille moyenne, mais plutôt petite ; visage poupardin, rond comme la lune dans son plein ; « bien gros, bien gras et bien plën de chanta » ; physionomie rusée d'un villageois satisfait de lui-même ; yeux bleus éveillés ; petite moustache blonde ; pas beau, mais pas désagréable à voir ; trente-cinq ans environ.

Entrepreneur de travaux publics, a su très bien tirer parti de son mandat de conseiller municipal, en se faisant prêter soit par le maire ou par le secrétaire de la mairie les divers instruments ou objets servant aux travaux de la voirie municipale, tels que brouettes, échelles, madriers, etc., pour s'en servir dans ses entreprises personnelles. — Où il y a de la gêne, il n'y a pas de plaisir !

Le truc n'était pas difficile à trouver, seulement il s'agit d'avoir l'aplomb de le mettre en pratique ; mais M. Perperot est un gaillard qui ne manque pas de *culot*, comme on dit tous les jours dans le grand monde.

Un peu plus intelligent que la plupart de ses collègues de la Majorité, est souvent nommé secrétaire des séances... dont le procès-verbal est fait tout entier par le secrétaire de la mairie, ce pauvre M. Tremouleux Peuch.

Elu par 954 voix au second tour de scrutin
(10 mai 1896)

Trente-cinq ans environ, taille moyenne, système pileux très confortable ; aussi porte-t-il une barbe d'un blond fauve dont il paraît très fier, ainsi que de toute sa personne, du reste ; a la profonde conviction d'être un personnage de valeur, et il ne se trompe pas, car il est beaucoup plus fort que son ami Jaurès qui, lui, nous dit tous les jours que le socialisme est tout ce qu'il y a de mieux et qu'il faut que la question sociale soit résolue, mais qui ne nous dit jamais comment il faut s'y prendre pour appliquer l'un et pour résoudre l'autre.

Eh bien ! le socialisme n'a pas de secret pour M. Borzeix, et il ne lui faut pas plus de cinq minutes pour résoudre la question sociale.

On comprend aisément qu'avec des connaissances aussi étendues et un esprit aussi transcendant, il ne doit pas être embarrassé pour faire un parfait marchand de vin et un épicier accompli.

Au Conseil municipal, hurlait avec les loups, mais n'attachait jamais le grelot, quand, tout à coup, il a crânement attaqué le pseudo-budget du Tavé, en a signalé la fragilité, et réellement ébaubi ses collègues, à commencer par le rapporteur M. Sourie qui en a laissé choir entre les bras de M. Peuch le nourrisson qu'il ne pouvait ni allaiter ni sécher !

Si M. Borzeix avait commis plus tôt cet exploit, son portrait eût mérité ici une forte retouche ; mais, aussi tard, ce petit coup de pinceau suffira à garantir la ressemblance.

Elu par 934 voix au second tour de scrutin
(10 mai 1896)

M. Sourie a peu emprunté aux grâces
du bel Adonis et aux formes du superbe
Apollon : Il est petit, n'a rien de remar-
quable dans la physionomie ; on ne sait
s'il a été blond, rouge ou châtain ; aujour-
d'hui, il est jaunâtre ; il est, en outre, af-
fligée d'une claudication assez accentuée.

Si l'enveloppe laisse à désirer, il n'en
est pas de même du cœur et de l'esprit qui
sont excellents.

M. Sourie est un instituteur en retraite ;
il a été clerc d'avoué, puis employé à la
recette buraliste de M. Auguste Galinon,
mais que celui-ci a été obligé d'abandon-
ner (?) récemment, pour conserver son
mandat de conseiller d'arrondissement.

Au Conseil municipal, M. Sourie a été
nommé rapporteur de deux ou trois affaires sans importance ; mais sa principale
occupation est de dormir pendant les séances.

Dès que le secrétaire commence à lire le
procès-verbal de la précédente séance avec
la voix monotone que vous connaissez, la
tête de M. Sourie s'incline légèrement sur
l'épaule droite, puis elle vient lentement
se poser avec les bras appuyés sur la table

au tapis vert ; une minute après, les voisins de notre élu entendent le bruit vague que fait une personne soufflant un breuvage trop chaud ; une minute encore, et on entend un léger ronflement !

Le bonhomme est endormi.

Le moment de voter venu, un collègue obligeant frappe sur l'épaule du dormeur, en lui disant :

— Vous dormez, Monsieur Sourie ?

— Oh non ! je réfléchissais.

— Nous avons à voter sur une proposition de M. le Maire, concernant......

— Ah ! bien...... Adopté.

Et M. Sourie se rendort, à moins qu'on ne lève la séance.

No 19. — M. GUASSON

Elu par 925 voix au second tour de scrutin
(10 mai 1896)

Une face et un ventre ! Mais quelle face et quel ventre !!

La face est large, très large ; les joues pendantes, un menton immense, cachant le col et la cravate et s'épandant sur le haut du gilet. Où le menton finit la bedaine commence : une panse large, longue, énorme !

Ne me demandez pas comment est fait le reste de l'individu ; je ne saurais le dire : je ne l'ai pas vu, ayant été ébloui par cette bedaine et cette face extraordinaires ; pourtant, l'homme m'a paru grand, avoir de gros yeux en boule de loto et être âgé de soixante ans environ, je ne saurais dire au juste.

Mais si mes yeux ont été éblouis à la vue de ce bloc, je me suis souvenu que M. Guasson était un ouvrier retraité de la Manufacture d'armes, qu'il avait été l'ami le plus intime et le plus dévoué — disait-il — de M. Léon Borie pendant tout le temps que celui-ci a été député ; mais dès qu'il n'a plus rien eu à en attendre, il s'est empressé de lui tourner le dos et de chercher des protecteurs dans le camp ennemi.

On a des convictions ou on n'en a pas.

— Aucun père de famille ne me blâmera, dit-il.

Triste, profondément triste !

M. Guasson est en même temps doux et violent : au Conseil municipal, il est doux et obéissant, il vote toujours avec la Majorité, et dans le *monde*, il est violent et irascible ; mais comme il a appris récemment que celui qui casse les verres est obligé de les payer, il est probable qu'à l'avenir il mettra un peu d'eau dans son vin.

M. Guasson n'est donc pas gai de son naturel ; mais quand le Tavé lui fait lire son rapport sur le Budget de la commune de Tulle, alors il devient réellement réjouissant, si ce n'est réjoui.

No 20. — M. MALAURIE

Elu par 922 voix au second tour de scrutin
(10 mai 1896)

Taille au-dessus de la moyenne, brun, commençant à grisonner, physionomie ouverte et énergique, allure d'un homme solide ; quarante ans environ.

M. Malaurie a été ouvrier à la manufacture d'armes, puis ouvrier coutelier, aujourd'hui il est *ouvrier* cafetier, métier beaucoup moins fatigant que les deux premiers et qui lui laisse plus de loisirs pour s'occuper des intérêts de son parti, car il est le chef incontestable et incontesté du mouvement socialiste à Tulle ; c'est un homme d'action, un militant : il organise et préside toutes les conférences et réunions publiques, il est président du Syndicat de la métallurgie; c'est un convaincu qui ne ménage ni son temps ni sa peine.

Aux séances du Conseil, lorsqu'il le croit utile, il secoue Tavé de la belle façon et lui dit son fait sans périphrases ; aussi celui-ci en a-t-il une peur bleue : Si M. Malaurie savait parler, la municipalité aurait en lui un adversaire très sérieux, mais tel quel, elle est loin de le considérer comme une non-valeur, et elle n'a pas tort.

Si M. Malaurie n'est pas l'âme du parti socialiste à Tulle, il en est le ressort.

N° 21. — M. FOUILLADE

Elu par 893 voix au second tour de scrutin
(10 mai 1896)

Ancien garçon de salle à l'*Hôtel de Bordeaux*, à Brive, si je ne m'abuse ; un très beau brun alors, plutôt grand que petit, et très bien stylé pour le service.

Aujourd'hui, limonadier à Tulle ; toujours brun, moins beau, naturellement ; mais encore beaucoup mieux que la majorité de ses collègues qui ne seraient pas déplacés dans un de ces jeux de *Massacre* qu'on voit aux foires de Saint-Clair et dans les fêtes votives.

Si M. Fouillade était aussi ferré sur les questions économiques et administratives qu'il est fort au noble jeu de billard — il ne manque pas un carambolage ! — il serait d'une utilité incontestable dans notre assemblée communale. Et pourquoi pas ? lorsqu'on est habile pour une chose on l'est généralement pour d'autres ! mais, jusqu'à présent, il n'a pas été plus brillant que les divers membres de la Majorité de M. Tavé qui, sauf une ou deux exceptions, sont d'une incapacité notoire.

Il n'y a pas longtemps, M. Fouillade était un chaud opportuniste, et il le disait ; mais s'étant aperçu que quelques-uns de ses clients avaient l'intention de porter leur pratique ailleurs, il n'a plus rien dit, et a intrigué pour se faire porter sur la liste radicale.

Ça durera tant que ça pourra! Quand ça n'ira plus, rien ne l'empêchera de revenir à ses premières amours.

N° 22. — M. NOEL

Elu par 876 voix au second tour de scrutin
(10 mai 1896)

M. Noël est d'une taille moyenne,
cheveux grisonnants, moustache châtain,
teint pâle, regard énergique ; il est âgé de
cinquante à cinquante-cinq ans ; il est,
dit-on, originaire — naturellement, encore un étranger ! — de Gondrecourt
(Meuse) ; seul chevalier de la Légion d'hon-
neur aux côtés du Tavé qui porte encore
le deuil de sa boutonnière et de son F.·.
Gadaud qui ne put la faire fleurir en
rouge !

Ancien capitaine au 80e de ligne, réformé
à la suite d'une chute de cheval qui lui
occasionna l'amputation d'une jambe,
M. Noël qui était veuf sans enfant, s'est
remarié à Tulle

Il fait partie du groupe socialiste du
Conseil et n'hésite jamais à signaler, en
termes nets et souvent violents, les actes
de la municipalité qui lui paraissent blâ-
mables ou à combattre les propositions
qu'il ne croit pas opportunes.

C'est M. Noël qui a divulgué le scandale
du matériel des travaux communaux
prêté gratuitement par la municipalité à
M. Perperot, entrepreneur de travaux publics et conseiller de la Majorité.

Depuis quelque temps, il n'assiste plus aux séances : une maladie l'oblige à garder la chambre.

C'est très fâcheux pour la Minorité et surtout pour les contribuables, car ce conseiller-là ne transigeait pas et ne laissait pas transiger ses collègues de liste.

M. Noël qui a eu de grandes peines et de grands chagrins, sans écrire la *Confession* (titre trop clérical) *d'un Enfant du siècle*, ni les *Nuits* trop réactionnaires pour un ami du grand jour, ne s'en console pas moins, dit-on, à l'Alfred de Musset :

On ne saurait blâmer un homme qui choisit ses modèles parmi les illustrations des Lettres françaises et recherche ainsi, d'après leurs traditions, les réconforts de la verte espérance !

Elu par 874 voix au second tour de scrutin
(10 mai 1896)

M. Daumard, plus connu sous le surnom
du *Canard,* est le dernier descendant
d'une famille très ancienne et très connue
du quartier d'Alverge.

Taille moyenne, plus que brun, grison-
nant, maigre, allure dégagée, traits accentués, visage osseux, regard étrange. —
A la réputation d'être un original fieffé,
pour ne pas dire plus ; c'est lui qui, en
pleine séance, a crié à M. Clément : « Vas
te confesser, jésuite ! » ce qui n'est pas précisément parlementaire.

Très habile ajusteur-mécanicien à la
Manufacture d'armes, aujourd'hui en retraite, il a créé un atelier pour la répara-
tion des bicyclettes.

M. Daumard ne parle jamais au Conseil
et il fait bien, car il userait sa salive sans
résultat appréciable : on ne comprend
presque jamais ce qu'il dit, il « bafouille »,
bredouille et s'égare dans des phrases qui
n'ont ni queue ni tête : ne sait ce qu'il dit
ni même ce qu'il veut dire. Il faut reconnaître, pourtant, qu'il n'a pas le mono-

pole du barbotage au Conseil municipal, car ils sont bien une demi-douzaine de sa force.

Ami dévoué du maire, mais utile aux intérêts de la commune comme le serait un emplâtre sur la jambe de bois de son collègue le socialiste Noël.

Elu par 872 voix au second tour de scrutin
(10 mai 1896)

M. Guichard, chef d'atelier en retraite
de la Manufacture d'armes, est un petit
homme brun, à la mine éveillée et intelligente ; il a toujours montré une grande
habileté pour les diverses professions qu'il
a exercées dans notre établissement national où il a été tour à tour chaudronnier,
forgeron, ajusteur, mécanicien, trempeur,
etc. ; presque tous les métiers manuels lui
sont familiers : un vrai Michel Morin,
quoi ! il a même rapporté des dents à diverses personnes et réduit une fracture
que sa femme s'était faite à la jambe —
Pends-toi, brave Chammard !

Quant aux questions économiques et
administratives, c'est une autre affaire !
mais M. Tavé n'en demande pas tant aux
membres de « sa » Majorité, pourvu qu'ils
votent ainsi qu'il le désire, c'est tout ce
qu'il faut ; et, sous ce rapport-là, contre
tout ce qu'on devait espérer de son esprit
alerte et de ses franches allures, il n'a pas
de reproches à faire à M. Guichard.

Hélas ?...

Elu par 871 voix au second tour de scrutin
(10 mai 1896)

François Texier — « cuirs et crépins »,
cuirs surtout. — Le plus blond et le plus
jeune des conseillers, visage rond, légèrement bouffi, yeux bleus ; pas encore gros,
mais gras et dodu, presque petit, allure
lente.

Il ne songeait, certes, pas plus que vous
et moi à être candidat ; mais on est allé le
trouver, on lui a dit que son père ayant
fait partie d'un précédent conseil, il y allait de sa dignité de ne pas rester au-dessous de papa, et, l'atavisme aidant, il a
accepté de se laisser coller sur la liste du
maire.

On s'est dit avec Musset :

Où le père a passé, passera bien l'enfant !

et on ne s'est pas trompé, puisque l'enfant
a — passé !

C'est que l'on n'a pas eu l'embarras du
choix pour la former, cette fameuse liste !

Ce jeune édile est probablement, comme
quelques membres de la majorité, animé
des meilleures intentions ; mais les bonnes
intentions ne suffisent pas, l'enfer en est
pavé ! le difficile est de les mettre en pra-

tique, et je soupçonne fort M. Texier
d'être, lui aussi, un grand paveur !

M. Texier assiste rarement aux séances :
d'abord, il ne fait ainsi pas son devoir !
ensuite, il pourrait s'y procurer, dans les
prix les plus doux, son article principal, loin de Cordoue ! que cinq ou six
de ses collègues fabriquent abondamment,
en veau bêlant, mouton panurgeant et
même bouc odoriférant !

No 26 — M. FARGES

Elu par 869 voix au second tour de scrutin
(10 mai 1896)

M. Farges est un indigène d'Orliac-de-Bar, canton de Corrèze, pays où les grands hommes tels que Billot, Tramond et Martinie, pour ne citer que ces trois généraux contemporains, poussent comme des champignons.

M. Farges fait un peu exception, car il n'est ni un grand homme, ni un homme grand. Il ne faudrait pas croire, pourtant, que ce soit un type banal, loin de là ! car, au physique, il tient le milieu entre un pot à tabac de fantaisie et un saucisson gros et court qu'on aurait cravaté et sur un des bouts duquel on aurait posé un petit chapeau. Il a une moustache rousse, tombante, une démarche lente et pas très bien équilibrée ; soixante ans tout au plus.

Ses anciens camarades de la Manufacture d'armes l'avaient surnommé *le Paysan*, pas précisément parce qu'il était né à la campagne, mais surtout parce qu'il avait toutes les allures et la physionomie d'un villageois renforcé, ce dont il ne s'est pas encore débarrassé Au moral, il a l'entêtement du mulet, la persistance de la taupe, la sobriété du chameau et la prévoyance de la fourmi ; il ne fendrait que difficilement un cheveu en quatre pour en avoir la moëlle, mais n'attache pas son chien avec des saucisses truffées.

Avec toutes ces qualités, et, quoique n'ayant reçu qu'une instruction tout à fait rudimentaire, il était certain d'atteindre son but qui était l'emploi de chef armurier, il a bien fallu un peu de *piston* de la part des Corréziens de Corrèze, mais enfin il y est arrivé.

Aujourd'hui, il est retraité, médaillé, propriétaire, conseiller municipal et un des directeurs de la caisse d'épargne.

C'est un homme heureux.

Au conseil municipal, fait partie du groupe des figurants, ne discute ni ne propose rien, mais vote toujours avec les amis du maire ; du reste, n'ayant été accepté que pour cela, on ne lui en demande pas davantage et on fait bien ! car on n'en obtiendrait pas grand'chose de plus.

Elu par 868 voix au second tour de scrutin
(10 mai 1896)

Le premier du Conseil — par ordre alphabétique ! et le premier aussi par ordre numérique ! — seulement à l'envers !

M. Audebert est comme tous les hommes et tous les pays heureux : il n'a pas d'histoire — ni même d'histoires !

A peu près personne ne connaît M. Audebert ; aussi, se demande-t-on encore à Tulle et dans la banlieue :

— Quel est donc ce M. Audebert ?

Et je suis certain que beaucoup d'électeurs ont voté pour lui croyant voter pour M. *Audubert*.

Quand j'aurai dit qu'il a cinquante et quelques années, qu'il est d'une taille au-dessus de la moyenne, qu'il a un physique à l'air vulgaire et bon enfant tout à la fois, qu'il nous vient de Châtellerault, que c'est un fondeur de la Manufacture d'armes, je n'aurais plus rien à dire sur son compte...

Aux séances du Conseil, M. Audebert est un personnage muet, un figurant ; il fait nombre, et vote sans hésiter TOUTES les propositions de la Municipalité, ce qui est assez naturel de sa part puisqu'il est... étranger ! et qu'il ne connaît ni... nos besoins, ni... nos ressources !!!

CONCLUSION

Mais je n'ai pas à en mettre !

Cela regarde les lecteurs — je veux dire les électeurs.

Croient-ils qu'ils ont avec les Vingt-Sept leur vraie représentation, c'est-à-dire une Majorité de patriotes dévoués, intelligents, instruits ?

C'est leur affaire !

Moi, je compte :

La majorité de 27 est 14 !
La majorite de 14 est 8 !
La majorité de 8 est 5 !
et je ne suis pas sûr, bien sûr! d'une majorité même dans le quart !

Et après?

Après, les électeurs ont vu la besogne que produisent des incapables en majorité — de braves gens peut-être ! — tels que ceux de ma cinématographie : Serviteurs du Maire et servis par le Secrétaire de la Mairie dont ils sucent les rapports illégaux, en bégayant des « il a-t-été » à nourrir l'ànon de Boudigal.

Et tandis que la population de Brive, passée au premier rang départemental! voit son Conseil se réunir quatre fois pour une d'ici, s'occuper d'assainir et d'agrandir, avec l'utile et l'agréable ! le chef-lieu du Département rivalise

avec le village de Boubeau, par ses eaux con-
taminées, son gaz non épuré, son électricité à
produire, son groupe scolaire à bâtir, sa halle
à placer, son hôtel des postes à faire accepter,
son théâtre à reconstruire, ses chemins vicinaux
à réparer, ses quartiers à assainir au-dedans, et
son maire de Tulle à mettre dehors !

Laguenne, février 1897, février 1898.

Tulle, Imp. Corrézienne, 398.

327

ANNUAIRE

DU DÉPARTEMENT

DE LA CORRÈZE

STATISTIQUE, ADMINISTRATIF, DIOCÉSAIN
JUDICIAIRE, MILITAIRE, AGRICOLE, COMMERCIAL, ETC.

PUBLIÉ

Pour l'Année 1898

TABLEAU ALPHABÉTIQUE DES COMMUNES
LISTE DE TOUS LES CONSEILLERS MUNICIPAUX
Personnel des Fonctionnaires
FOIRES
SITUATION FINANCIÈRE, ETC.
Dénombrement de 1896
DISTANCES LÉGALES

🏰 Châteaux et grandes Propriétés 🏰

Commerçants et Industriels

Variétés Historiques

Indicateur du Chemin de Fer
annexé en in-folio volant

TULLE

IMPRIMERIE CRAUFFON ADMINISTRATIVE ET COMMERCIALE
1, Rue Général-Delmas, 1

PRIX : 2 FRANCS
Poste, 2 fr. 55 c.

GARE DE TULLE

(Omnibus et voitures, GIBIAT, entreprise de déménagements)

DÉPARTS sur :	ARRIVÉES de :
4 23 matin, Brive, Saint-Yrieix, Uzerche, Paris, Cahors, Figeac, Toulouse.	6 13 matin, Brive, Uzerche, Paris.
5 43 matin, Brive, Saint-Yrieix, Cahors, Figeac, Toulouse, Périgueux, Bordeaux.	8 42 matin, Brive, Saint-Yrieix, Paris, Périgueux, Bordeaux.
6 21 matin, Ussel, Clermont.	9 matin, Ussel.
9 2 matin, Ussel, Clermont.	11 38 matin, Ussel, Clermont.
11 48 matin, Brive, Uzerche, Saint-Yrieix, Paris, Cahors, Figeac, Toulouse, Périgueux, Bordeaux.	1 44 soir, Brive, Cahors, Figeac, Toulouse, Uzerche, Saint-Yrieix, Paris, Périgueux, Bordeaux.
1 54 soir, Ussel, Clermont.	
4 15 soir, Brive, Saint-Yrieix, Paris.	5 32 soir, Ussel, Clermont.
5 40 soir, Brive, Uzerche, Cahors, Figeac, Toulouse, Périgueux, Bordeaux.	7 31 soir, Brive, Uzerche, St-Yrieix, Paris.
	9 39 soir, Ussel, Clermont.
7 50 soir, Ussel.	12 31 soir, Brive, Cahors, Figeac, Saint-Yrieix, Toulouse.
9 47 soir, Uzerche, Paris.	

www.ingramcontent.com/pod-product-compliance
Lightning Source LLC
LaVergne TN
LVHW021724080426
835510LV00010B/1122